MW01707275

# En un mundo de husos horarios

por Adam McClellan

Scott Foresman
is an imprint of

PEARSON

Glenview, Illinois • Boston, Massachusetts • Chandler, Arizona
Upper Saddle River, New Jersey

Every effort has been made to secure permission and provide appropriate credit for photographic material. The publisher deeply regrets any omission and pledges to correct errors called to its attention in subsequent editions.

Unless otherwise acknowledged, all photographs are the property of Pearson.

Photo locations denoted as follows: Top (T), Center (C), Bottom (B), Left (L), Right (R), Background (Bkgd).

Opener Corbis; 1 (TL) ©Alan Schein Photography/Corbis, 1 (TR) ©Michael S. Yamashita/Corbis, 1 (BL) ©Jeffrey L. Rotman/Corbis, 1 (BR) ©Paul Almasy/Corbis; 6 ©Bettmann/Corbis; 14 ©Alan Schein Photography/Corbis; 15 ©Paul Almasy/Corbis; 17 ©Gabe Palmer/Corbis; 18 (T) ©Joseph Sohm; ChromoSohm Inc./Corbis,18 (B) ©Reuters/Corbis; 19 (TR) ©Owen Franken/Corbis, 19 (CL) ©Charles & Josette Lenars/Corbis, 19 (BR) ©Jeffrey L. Rotman/Corbis; 20 (TR) ©Michael S. Yamashita/Corbis, 20 (BR) ©Charles O'Rear/Corbis; 21 ©Roger Ressmeyer/Corbis.

ISBN 13: 978-0-328-53573-6
ISBN 10: 0-328-53573-7

**Copyright © by Pearson Education, Inc., or its affiliates.** All rights reserved. Printed in the United States of America. This publication is protected by copyright, and permission should be obtained from the publisher prior to any prohibited reproduction, storage in a retrieval system, or transmission in any form or by any means, electronic, mechanical, photocopying, recording, or likewise. For information regarding permissions, write to Pearson Curriculum Rights & Permissions, One Lake Street, Upper Saddle River, New Jersey 07458.

**Pearson®** is a trademark, in the U.S. and/or other countries, of Pearson plc or its affiliates.

**Scott Foresman®** is a trademark, in the U.S. and/or other countries, of Pearson Education, Inc., or its affiliates.

1 2 3 4 5 6 7 8 9 10 V0G1 18 17 16 15 14 13 12 11 10 09

# CONTENIDO

# Capítulo 1
# Medir el tiempo

¿Cómo haces para saber la hora? ¡Miras un reloj, por supuesto!

¿Pero qué reloj? ¿Dónde? ¿Cómo sabes qué hora es en cualquier parte de los Estados Unidos? ¿Y del otro lado del océano, o del otro lado del mundo? Saber qué hora es puede ser más difícil que simplemente mirar un reloj en la pared.

Antes de hablar sobre la hora en todo el mundo, debemos entender cómo se mide el tiempo. Medimos el tiempo de dos maneras: por el año y por el día.

Un año es el tiempo que le toma a la Tierra dar una vuelta alrededor del Sol. Eso es 365 días más seis horas. Las horas extras suman un día en el calendario cada cuatro años (año bisiesto).

Un día es el tiempo que le toma a la Tierra completar una **rotación** sobre su eje.

## Tiempo natural

Piensa cómo sería un día si vivieras en el desierto sin un reloj. Lo primero que verías por la mañana sería el amanecer, cuando el Sol se levanta sobre el **horizonte** por el Este. Luego el Sol avanza lentamente por el cielo hasta que, al atardecer, desaparece en el horizonte por el Oeste.

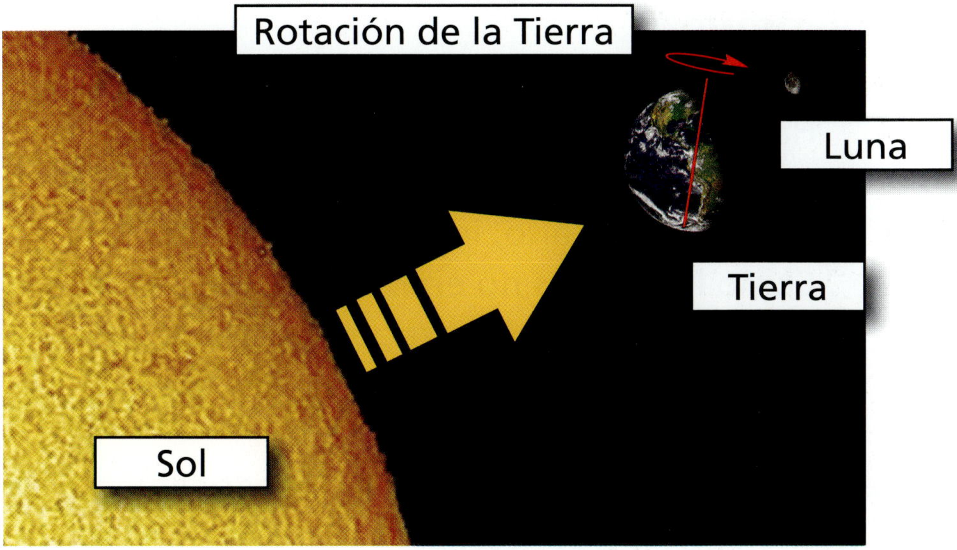


Parece que el Sol viajara por el cielo debido a la rotación de la Tierra. Sus rayos iluminan sólo una parte de la Tierra a la vez. El resto está oscuro. Y mientras la Tierra gira, una parte alcanza la luz del día y otra la oscuridad de la noche.

Por este motivo no tendría sentido que todos, en cualquier parte del mundo, tuviéramos exactamente la misma hora. Si así fuera la noche y el día llegarían a diferentes horas, según dónde viviéramos. El Sol saldría a las 6:30 A.M. en algunos lugares y a las 10:00 P.M. en otros.

# Capítulo 2
# El nacimiento de los husos horarios

Hace muchos años, cada pueblo tenía su propia hora, según el **tiempo solar**. El Sol arriba, en su punto más alto, indicaba el mediodía.

Como los relojes no eran muy **precisos** en esa época, la gente con frecuencia elegía un reloj particular en cada pueblo para saber la hora oficial.

Los distintos pueblos podían tener el mediodía en momentos distintos. Esto significa que sus otras horas también eran diferentes. Cuando en un pueblo era las 9:20 A.M., podían ser las 9:23 A.M. en otro pueblo cercano. Durante mucho tiempo eso funcionó bien, ya que la mayoría de la gente no viajaba mucho.

En el siglo XIX, sin embargo, el uso creciente del ferrocarril cambió todo. Los trenes hicieron que los viajes de pueblo en pueblo fuesen mucho más rápidos. Un viaje que antes tomaba una semana podía hacerse ahora en un día.

Los horarios de los trenes hicieron que la gente pensara en el tiempo. Cada línea de ferrocarril fijaba su horario según la ciudad de su domicilio. A medida que un tren llegaba más lejos en su viaje, la hora del tren variaba según la hora de cada estación. Un tren de Filadelfia podía tener programado llegar a Pittsburgh a las 5:00 P.M. Pero según la hora de Pittsburgh, eran recién las 4:40 P.M. Si uno no conocía la diferencia, podía perder el tren.

Con el tiempo, las paredes de las estaciones de tren comenzaron a llenarse con muchos relojes, cada uno con la hora de un tren distinto. Había que hacer algo para que fuera más fácil saber la hora en los diferentes lugares.

En 1883, los ferrocarriles de los Estados Unidos llegaron a un acuerdo para dividir el país en cuatro husos horarios **estándares**: hora del Este, hora del Centro, hora de la Montaña y hora del Pacífico. A partir de entonces, todas las ciudades y pueblos de cada huso horario tendrían exactamente la misma hora.

En 1884, delegados de veinticinco países se reunieron en una **conferencia** en Washington, D.C., para resolver el problema de la hora en todo el mundo.

En la conferencia, el grupo decidió dividir el mundo en veinticuatro husos horarios iguales, representados por 15° de longitud. La hora en cada huso horario se fijaría sumando o restando horas de la hora en el pueblo de Greenwich, Inglaterra (Tiempo Medio de Greenwich, actualmente Tiempo Universal Coordinado). La conferencia eligió Greenwich porque había allí un **observatorio** que registraba información precisa sobre la rotación de la Tierra. La gente tuvo entonces, por primera vez, un modo sencillo de saber qué hora era en cualquier lugar del mundo.

# Capítulo 3
# Los husos horarios actualmente

Según el plan original, las líneas entre los husos horarios debían ser rectas, de norte a sur. Pero las cosas no funcionaron exactamente de ese modo.

Parte de la razón por la que este plan no funcionó fue que cada país tuvo la posibilidad de elegir cómo fijar la hora local. Corea del Sur, que es un país pequeño, se dividió en dos por una de las líneas originales de los husos horarios, así

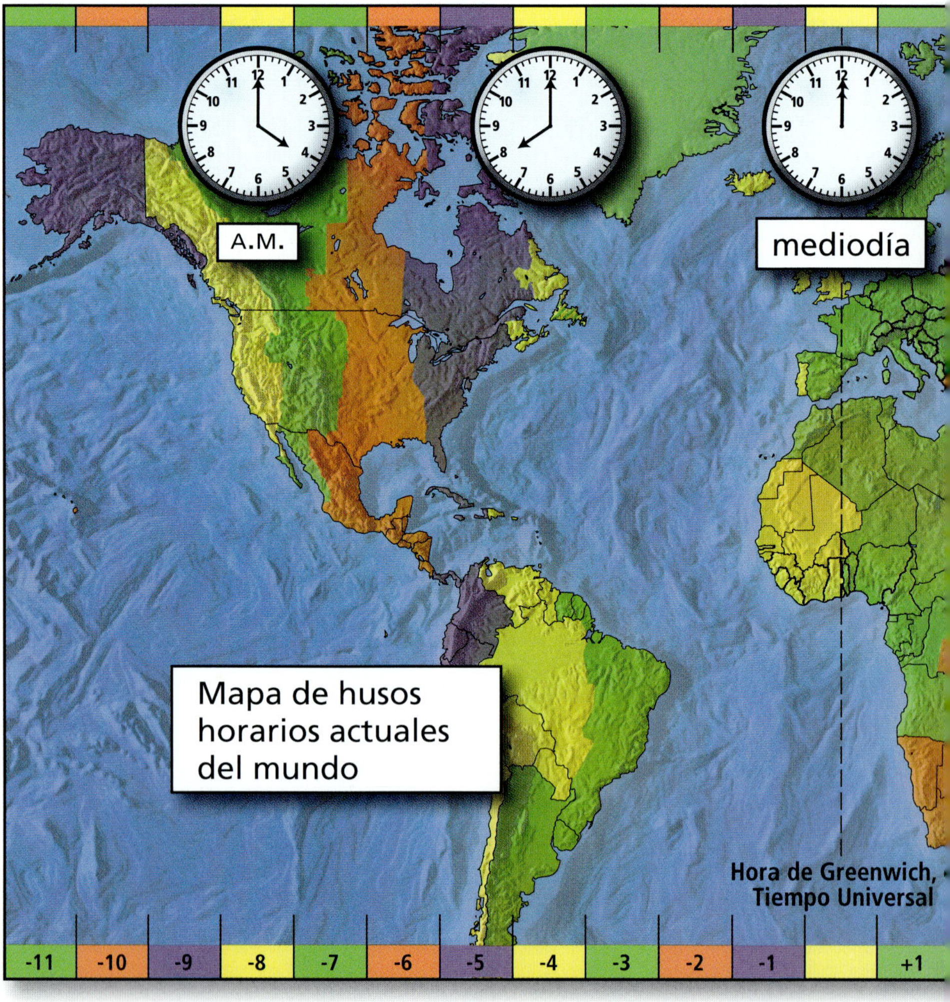


Mapa de husos horarios actuales del mundo

que los surcoreanos movieron la línea del huso horario hacia el oeste. De ese modo, todos los surcoreanos podían ajustar sus relojes a la misma hora.

Lo mismo pasó en los Estados Unidos. Algunos estados movieron los límites del huso horario en una dirección u otra para que todo el estado estuviera en un mismo huso horario. A otros estados no pareció incomodarles el hecho de estar divididos en dos husos horarios.

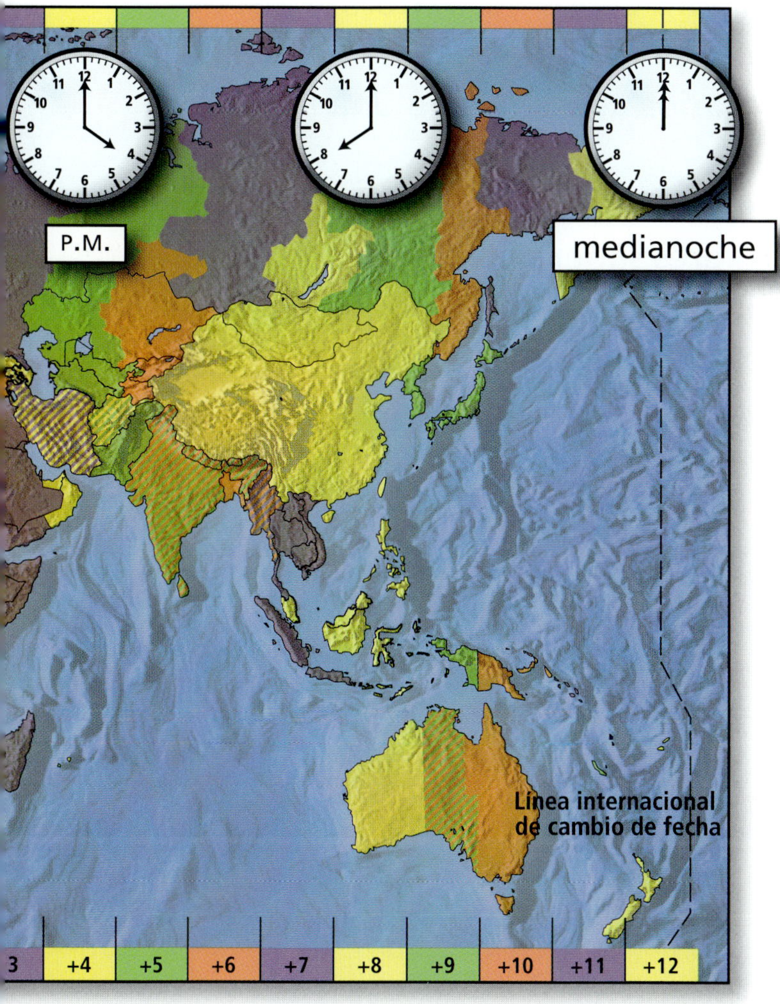

Esto significa que en vez de ser líneas rectas en un mapa, los husos horarios del mundo siguen un patrón más parecido a una línea en zigzag de norte a sur.

## Cómo usar un mapa de husos horarios

Nuestro mapa de husos horarios puede ser más confuso de lo que era en 1884. Pero todavía permite ver qué hora es en cualquier lugar del mundo. Veamos cómo funciona.

Primero, halla dónde vives en el mapa de husos horarios. Luego anota la hora. Para averiguar la hora en los husos horarios al oeste, resta una hora por cada uno que cruces. Para los husos horarios al este, suma una hora por cada uno.

Por ejemplo, digamos que son las 5:30 P.M. en Atlanta y quieres saber qué hora es en Londres, Inglaterra. Para ir de Atlanta a Londres debes cruzar cinco husos horarios hacia el este. Debes sumar, entonces, cinco horas a las 5:30 P.M., lo que implica que son las 10:30 P.M. en Londres.

# Capítulo 4
# Datos sobre los husos horarios

- Tiene sentido que el país más grande del mundo tenga la mayor cantidad de husos horarios. ¡Rusia tiene diez husos horarios diferentes!
- China debería dividirse en cinco husos horarios. Sin embargo, el gobierno chino ha decidido que todo el país tenga la hora de la capital, Pekín. ¡Eso significa que quizá el Sol no se ponga en la parte occidental del país hasta las 10:00 P.M.! No sólo eso, además, la gente que cruza la **frontera** de Kazajstán hacia China debe adelantar sus relojes dos horas.

- El huso horario en donde vive menos gente es probablemente el que cruza la pequeña isla congelada de Georgia del Sur, ubicada en el océano Atlántico.
- Algunos países, como India e Irán, fijan sus relojes con una diferencia de media hora en vez de una hora. Nepal hace las cosas incluso más complicadas y fija sus relojes quince minutos antes que el resto de los países en su mismo huso horario.
- Si viajas lo suficientemente rápido de este a oeste, ¡puedes llegar a un lugar más temprano de lo que saliste! Imagina que estás volviendo a Nueva York desde Londres. Tendrás que

pasar por cinco husos horarios de este a oeste, lo que significa que restas cinco horas a la hora de Londres en el camino a Nueva York. Un avión muy rápido hace el recorrido en unas tres horas y media. ¡Así que cuando llegas a Nueva York es una hora y media más temprano que cuando saliste de Londres!

- Los Estados Unidos tienen siete husos horarios en total (del Este, del Centro, de la Montaña, del Pacífico, de Alaska, de Hawai-Aleutianas y de Samoa Estadounidense).

# Capítulo 5
## La línea internacional de cambio de fecha

Hay otra línea importante en el mapa de la Tierra: la línea internacional de cambio de fecha. "Internacional" significa algo que incluye a varios países. No es simplemente un límite entre husos horarios. Cuando se cruza la línea internacional de cambio de fecha ¡se pasa de un día a otro!

Hay una buena razón para la existencia de esta línea y comienza con el hecho de que la Tierra es redonda. Como sabes, si cruzas husos horarios hacia el este, adelantas una hora con cada uno, y si los cruzas hacia el oeste, retrasas una hora.

Supongamos que dos personas en Chicago están mirando un globo terráqueo. Son las 7:20 de la tarde de un miércoles y están tratando de averiguar qué hora es en Bangladesh, que está al otro lado del mundo, a doce husos horarios de distancia. Una persona cuenta los husos horarios hacia el este y la otra los cuenta hacia el oeste. Ambas terminan en Bangladesh, pero una persona cree que son las 7:20 del jueves de mañana y la otra dice que en realidad son las 7:20 del miércoles por la mañana. ¿Cuál tiene razón? En realidad, sin una línea internacional de cambio de fecha, no lo podríamos saber.
La línea internacional de cambio de fecha facilita las cosas. Si la cruzas yendo hacia el oeste,

agregas un día, y si la cruzas hacia el este, restas un día.

La línea internacional de cambio de fecha atraviesa el océano Pacífico. (Observa el mapa de las páginas 10–11). Entonces, en el ejemplo, la persona que contaba husos horarios hacia el oeste desde Chicago sería la persona que cruzó la línea internacional de cambio de fecha. Necesita agregar un día a su **cálculo** para obtener la respuesta correcta: en Bangladesh son las 7:20 A.M. del jueves.

# Capítulo 6
# La vuelta al mundo en un minuto

¿Piensas que estás entendiendo los husos horarios? Hagamos un viaje rápido alrededor del mundo.

Nuestra primera escala es Los Ángeles, donde son las 6:33 A.M. de un viernes, hora del Pacífico.

El Sol está saliendo y algunas personas están levantándose de la cama o comiendo un tazón con cereal. Otros ya están camino al trabajo. El día recién comienza.

En Nueva York son las 9:33 A.M., hora del Este. La mayoría de los niños ya están en la escuela y millones de personas comenzando a trabajar. En Wall Street, la campana que inicia la Bolsa de Valores

de Nueva York sonó hace unos minutos. Los corredores de bolsa están ocupados tratando de comprar y vender acciones.

En Roma, Italia, situada al otro lado del océano, son las 3:33 P.M., hora Central Europea. La escuela ha terminado por hoy y los niños vuelven a sus casas. La mayoría de los adultos todavía están trabajando y seguirán haciéndolo aproximadamente una hora más.

Un poco más al este, en El Cairo, Egipto, son las 4:33 P.M. El Sol está bajando, pero el aire aún está cálido. Las calles están llenas de carros. Más tarde, al bajar el Sol aún más, la gente saldrá a disfrutar el aire fresco de la noche.

Son las 8:03 P.M. en Bombay, India. Al caer la noche, un director de cine y su equipo terminan el día de filmación.

Miles de luces de colores iluminan el centro de Tokio, Japón, donde son las 11:33 P.M. Casi todos los niños están en la cama. Algunos adultos aún están cenando o viendo un espectáculo.

En medio del océano Pacífico son las 2:33 A.M. del sábado en el pequeño país isleño de Fiji. A esa hora de la noche, la mayoría de la gente ya se ha ido a dormir.

Un poco más al este, son las 4:33 A.M. en Hawai. Aquí todos duermen también, pero ya es viernes por la mañana. ¡Hemos cruzado la línea internacional de cambio de fecha desde Fiji! La gente está por empezar a disfrutar del día que ya vimos en el resto del mundo.

Dos husos horarios más hacia el este de Hawai está Los Ángeles, donde aún son las 6:33 A.M. del viernes.

## De vuelta donde empezamos

¡Volvimos! Pero ¿te haces una idea de lo confuso que sería viajar si cada ciudad fijara su propia hora? Averiguar qué hora es en el otro lado del mundo no es tan fácil como mirar tu reloj. Con un reloj, un mapa y un poco de matemáticas, sin embargo, puedes saber la respuesta enseguida.

# ¡Inténtalo!

## Viaje entre husos horarios

¡Llamado a todos los viajeros del mundo! Aerolíneas de los Husos Horarios tiene a la venta pasajes a todos los lugares del mundo. Cada pasaje incluye tres ciudades: una de donde se sale y dos a donde arribar.

Los vendedores de pasajes de Aerolíneas de los Husos Horarios tienen un trabajo muy importante. Deben asegurarse de que cada pasaje tenga un itinerario, es decir, un programa corto que les dice a los pasajeros cuándo salen y cuándo llegan sus aviones. Ningún pasajero quiere perder su vuelo.

## ¡Se hace así!

1. Forma una pareja con uno de tus compañeros de clase. Elijan los papeles: uno será el pasajero y el otro será el vendedor de pasajes.
2. El vuelo para el que escribirán un itinerario comienza donde viven (o la ciudad más cercana que tenga aeropuerto). El pasajero puede mirar un mapa del mundo para elegir las otras dos ciudades.
3. El vendedor de pasajes puede usar una regla y la escala del mapa para averiguar la distancia entre la primera y la segunda ciudad y entre la segunda y la tercera. Anota cada distancia.
4. Los aviones de Aerolíneas de los Husos Horarios vuelan a 500 millas por hora. Juntos, averigüen cuánto tomará cada viaje.
5. El vendedor de pasajes anotará el itinerario. Éste deberá tener la lista de las ciudades en cada vuelo y la hora en que el avión sale de una ciudad y llega a la siguiente. Asegúrense de usar el mapa de husos horarios de las páginas 10 y 11.

# Glosario

**cálculo** *s. m.* Proceso o pasos que se siguen para hallar la respuesta a problemas de matemáticas.

**conferencia** *s. f.* Reunión para discutir temas importantes.

**estándares** *s. m.* Algo sobre lo que la gente se pone de acuerdo para aceptar como preciso o verdadero.

**frontera** *s. f.* Línea que separa oficialmente países o regiones.

**horizonte** *s. m.* Línea donde la tierra y el mar parecen encontrarse con el cielo.

**observatorio** *s. m.* Lugar donde los científicos observan y estudian las estrellas, los planetas, el clima, los terremotos, etc.

**precisos** *adj.* Correctos.

**rotación** *s. f.* Giro alrededor de un punto central.

**tiempo solar** *s. m.* La hora del día usando el Sol como guía.